LETTRE

A M. LE COMTE DE MONTLOSIER

SUR

SA DÉNONCIATION AUX TRIBUNAUX

PARIS, IMPRIMERIE DE DECOURCHANT,
Rue d'Erfurth, n. 1, près l'Abbaye.

LETTRE

A M. LE COMTE

DE MONTLOSIER

SUR

Sa Dénonciation aux Tribunaux;

PAR

J. M. M. RÉDARÈS.

A PARIS,

CHEZ EMLER, LIBRAIRE,

RUE GUENÉGAUD, Nº 23.

1826

LETTRE

A M. LE COMTE DE MONTLOSIER

SUR

SA DÉNONCIATION AUX TRIBUNAUX.

MONSIEUR LE COMTE,

Lorsqu'un homme qui a parcouru une longue carrière sans démentir son noble caractère et ses généreux sentimens laisse, sur le déclin de ses jours, échapper dans le public une opinion contraire au corps respectable qui soutient la morale et la religion, il donne un exemple d'autant plus dangereux que ses vertus et son intégrité le mettent au-dessus de tout soupçon de haine et de mauvaise foi. Les hommes justes s'étonnent des écarts de cette raison, jusqu'alors sage et pure; les impies s'en font un sujet de joie et de triomphe; et le scandale que cause cette opinion force ceux qui sont le moins enclins à la dispute de la combattre et de la réfuter. Vous dénoncez aux tribunaux, M. le comte, les prêtres comme ayant des principes opposés au gouvernement constitutionnel, et comme empiétant chaque jour sur la puissance temporelle; vous voulez ébranler cette politique que Rousseau (1) appelle admirable, qui est celle de s'entendre, de s'unir, de s'allier avec le pouvoir pour n'être pas écrasé et broyé comme le faible : n'oubliez pas que vous êtes catholique; que ce fut avec les armes dont vous vous servez que les novateurs amenèrent la grande catastrophe qui plaça dans les lieux consacrés à l'Éternel l'idole de la liberté. Attaquer en masse les hommes qui sont appelés par leur état à défendre la religion, c'est attaquer la religion elle-même. Vous n'ignorez pas que cette religion n'est pas seulement dans l'Évangile, mais aussi dans le ministère du prêtre et dans les conciles. Les ennemis du catholicisme sont persuadés que c'est là que résident sa force et sa durée. Lorsque Voltaire écrivait à ses amis, *écrasons l'infâme*, il ne voulait pas dire, anéantissons l'Évangile, mais bien, écrasons cet homme qui succède depuis dix-huit cents ans à l'infâme; écrasons ceux qui le soutiennent, et on ne parlera plus de rien. En effet, du moment qu'il n'y eut plus de prêtres, il n'y eut plus de religion, et on renouvela dans nos temples les saturnales des Romains. Les adversaires de la religion ont toujours cherché à l'isoler du pouvoir, bien per-

(1) Contrat social.

suadés que sans la force elle ne pourrait se défendre : mais qu'un ami de l'autel et du trône s'unisse
aux efforts d'une secte hypocrite pour demander,
que les prêtres soient exclus du pouvoir politique, c'est ce qui étonne; car un sage ne veut pas
la mort des principes et le règne de la licence. Cependant personne n'ignore que la politique et la
religion ont toujours été sœurs; que depuis la pre-
mière société humaine jusqu'à nos jours aucun
trône, aucune institution n'a eu de base solide
que celle que la religion lui a prêtée. Les empires
éternels de l'Asie ne tiennent leur durée que de
l'accord intime des pouvoirs politique et religieux;
et les états de l'Europe sont convaincus de la né-
cessité absolue de cette alliance. Laissez un instant
la religion sans force, isolez-la du pouvoir, privez-
la de la prérogative d'élever vos princes, d'instruire
votre jeunesse, de parler avec une sainte liberté à
l'erreur et à l'immoralité, bientôt elle tombera
sous les coups de l'impie; mais le gouvernement
ne lui survivra pas, et la discorde et l'anarchie dé-
soleront encore vos foyers.

Les deux plus grands peuples de la terre furent
dévorés par le despotisme et par les barbares, du moment que l'impiété se fut glissée dans leurs mœurs.
Vous avez vu l'Angleterre, après que Henri VIII
l'eut détachée de l'Église romaine; l'Allemagne,
lorsque l'hérésie de Luther la désola; la France
enfin, lorsqu'on la laissa dans les mains des maté-

rialistes. Les mêmes causes, n'en doutez pas, amè-
neraient les mêmes effets. Et que l'on ne me dise
pas qu'un gouvernement constitutionnel puisse se
passer de l'appui de la religion. La force et la durée des gouvernemens sont moins dans leur orga-
nisation politique que dans les mœurs et dans les
vertus des citoyens. J'ai vu la Grèce, dit Voltaire
dans son *Optimiste*, nager dans le sang de ses enfans sous la bannière de la liberté et sous l'empire
de la loi, tandis que les peuples de l'Asie vivaient
heureux et tranquilles sous le plus odieux despotisme.

C'est qu'alors l'une n'avait plus ni mœurs ni religion, et que l'autre ne les avait pas encore perdues.
Et quelle puissance que celle des baïonnettes peut
soutenir un gouvernement sans l'appui de la religion, lorsque l'homme, ne croyant pas à d'autres
félicités que celles de la terre, fait son dieu de ses
passions; à d'autre punition que celle des lois, s'en
échappe ou par son argent ou par la ruse; à d'autre
morale que celle des sens, ne voit de maître qu'É-
picure et Anacréon; à d'autre récompense pour
la vertu que la satisfaction de sa conscience, ou
le sourire approbateur de l'hypocrisie, s'en fait,
comme dit une femme célèbre (1), une pièce de
rapport : alors un roi ne peut prétendre à l'amour
de ses peuples; un ministre, fût-il un Sully, ne peut
espérer de captiver la considération publique; un

____

(1) Ninon de Lenclos.

état ne peut compter sur le secours de ses membres; mais quand la religion s'unit au pouvoir, et travaille de concert avec lui pour la prospérité publique, la force de la morale et de la vertu, celle de l'exemple et des principes, font rentrer le siècle dans le devoir; en apprenant à se mieux connaître, l'homme est plus soumis et moins orgueilleux; en maîtrisant ses passions, il se fait un état plus heureux et plus tranquille; en craignant Dieu, il est forcé d'être juste; en suivant la foi de ses pères, il devient l'homme que Diogène cherchait en vain, celui qui ne trahit ni son Dieu, ni son roi, ni sa patrie.

Et croyez-vous que ce soit un grand crime que la religion se serve de la puissance temporelle pour se soutenir? Mon royaume n'est pas de ce monde, dit Jésus-Christ. Sans doute, le royaume de la morale la plus sublime et de la vertu la plus pure n'est pas de ce monde; mais c'est un royaume qu'il faut faire comprendre et aimer au monde : c'est pour cela qu'il faut que le prêtre qui l'annonce fasse respecter les principes sur lesquels sont établies ces vérités divines, autrement que par des exemples; il doit chasser le vice, l'ambition et l'impiété, des avenues du pouvoir, se servir de la force politique pour soutenir la religion ébranlée par les attaques continuelles de la philosophie.

Celui qui dit que les ministres des autels ne doivent employer pour corriger les mœurs et les égaremens de l'esprit que le précepte et l'exemple, est un hypocrite ou un ignorant. Si une conduite pure, des principes sages et humains, doivent les distinguer du commun des hommes ; s'ils ne peuvent employer ni l'épée de César, ni les forces matérielles de la nation, il est essentiellement nécessaire à leur existence et à celle de la religion qu'ils soient appuyés de tous les pouvoirs humains. Les préceptes et les exemples suffiraient aux prêtres si les hommes étaient dominés par l'amour de Dieu, si l'indifférence en matière de religion n'était pas le défaut capital du siècle des lumières, et l'égoïsme le mobile de ses actions : mais que la vertu et la sagesse sans richesse et sans pouvoir se fassent écouter des hommes du temps, c'est là ce qui est impossible, c'est ce qu'un homme sage, qui veut la prospérité de la religion, ne devrait jamais mettre en avant.

A force de le dire et de prendre dans l'histoire quelques faits à l'appui, on a fait croire au peuple que l'influence de la religion sur le corps politique a été funeste à son intérêt et à sa gloire ; rien de plus faux, rien de plus facile à réfuter. La Saint-Barthélemy, les Vêpres siciliennes, et tous les grands coups d'état qui souillent nos fastes historiques, n'ont point été provoqués par elle ; l'ambition des grands, la politique faible et puérile des gouvernemens, ont toujours entré pour beaucoup dans ces tueries humaines. Si sous le masque de la religion on a commis des crimes et fait verser le sang des hommes, cela prouve seulement que l'ambitieux se couvre du manteau de la vertu pour parvenir à ses coupables desseins. Dira-t-on que cette influence a retardé la marche progressive de l'esprit humain, et donné des bornes à l'indépendance de la pensée? Quelle ingratitude! C'est elle qui a arraché des mains des barbares tout ce que le paganisme enfanta de grand et de sublime : et depuis ces barbares, qu'elle a civilisés, jusqu'à nos jours, elle a rempli les siècles qu'elle a parcourus de lumière et de splendeur; les modèles de tous les genres, soit dans les sciences ou dans les arts, soit dans la magistrature ou dans le militaire, ont été élevés et perfectionnés par elle; et depuis le siècle de Léon X jusqu'à celui de la restauration, vous ne pouvez fixer les yeux nulle part sans voir l'empreinte de son génie créateur et tutélaire. Eh quoi! de ce que le Tasse, Cervantes, Galilée, ont langui dans les fers ou dans la misère, la religion sera accusée d'être cruelle et barbare; on ne pardonnera rien à l'homme de Dieu, pas un oubli, pas une faiblesse; on lui reprochera sans cesse de n'être pas pétri d'une substance divine, de ne pas faire exception dans l'imperfection générale de l'espèce; et lorsque les plus grands hommes de la terre l'ont impunément remplie d'erreurs et de folies, il ne sera pas permis au prêtre de se tromper; on rendra l'Église, qui est infaillible, responsable de

l'impéritie de quelques-uns de ses membres ;
et la moindre erreur d'un sujet sera le péché
originel de toute la hiérarchie apostolique !

Les Romains et les Grecs étaient plus équita-
bles que nous. La mort de Socrate, l'exil de Cimon
et d'Aristide, les boucheries du triumvirat, ne furent pas attribués aux prêtres de Jupiter. On sa-
vait alors comme aujourd'hui que l'ambition, la
haine et la vengeance peuvent entraîner dans leur
parti quelques hommes respectables ; mais on leur
rendait justice : et une erreur n'est pas un crime.
On accuse encore la religion d'entretenir le peuple dans l'ignorance et dans les préjugés ; mots
vides de sens, accusation injuste, démentie par
l'histoire. Les peuples de l'Europe n'ont eu l'idée
du beau et du juste que lorsqu'ils se sont rangés
sous la bannière de la croix ; car nos pères étaient
des barbares, et ils occupaient depuis les confins
de la Scandinavie jusqu'aux colonnes d'Hercule.
N'est-ce pas la religion qui a corrigé leur rudesse
sauvage et la bizarrerie de leur gouvernement ? n'est-
ce pas elle qui a amélioré leurs lois et leurs cou-
tumes, refondu leurs mœurs, changé le régime de
l'arbitraire par celui de la loi, remplacé le fer et
le feu par la balance de la justice, et donné à leurs
cœurs barbares le poli de l'éducation civile et reli-
gieuse ? Et quant aux préjugés, sans doute chaque
peuple a les siens ; il faut à l'esprit de l'homme un
peu plus que des vérités mathématiques : ce qui a

fait dire à l'abbé Barthélemi que les préjugés chez
un peuple sont toujours remplacés par les erreurs.
Il ne faut pas suivre aveuglément les sentimens de
ces philosophes systématiques qui pensent que les
croyances naturelles, je veux dire celles que notre
courte raison conçoit, soient suffisantes au peuple.
Celui qui embrasse une telle opinion ignore com-
plètement le caractère distinctif de l'esprit humain.
Quoi ! Pythagore, Montaigne, Pascal, ont cru un peu
plus que ne le permet la raison, et l'on veut que le
peuple soit philosophe et mathématicien, lui qui ne
voit rien de beau que ce qu'il ne voit pas ! lui dont
l'imagination errante et vagabonde se plaît dans
les espaces infinis, et s'y nourrit de chimères et
d'illusions ! Le littérateur qui ne sort pas de son
cabinet, l'homme du monde qui ne parcourt que
des salons, pensent, en voyant l'universalité des lumières, que le peuple se corrige, et perfectionne son
intelligence.

Oui, les lumières lui font mieux entendre son
intérêt particulier, mieux apprécier ce que les libéraux appellent ses droits, mieux connaître sa
force morale ; ce qui le rend plus vain et plus insub-
ordonné : mais que la civilisation l'arrache à ses
illusions, à ses erreurs, à ses préjugés qui font les
plus chères délices de sa partie pensante, philosophes encyclopédistes, vous aviez tort il y a cinquante
ans de penser ainsi : en vain votre éloquence cares-
sante et séductrice a voulu nous faire croire que

nous pouvions devenir des dieux, l'expérience nous apprend tous les jours que l'imperfection sera toujours notre caractère originel. Mais, direz-vous, si l'homme se plaît dans les préjugés, la religion ne doit pas les favoriser. Et quels préjugés voyez-vous qu'elle favorise? Elle n'approuve ni la sorcellerie, ni l'astrologie, ni les sciences occultes; elle leur a au contraire déclaré la guerre en tous temps. Dire que la Pucelle d'Orléans, la maréchale d'Ancre ont été victimes des préjugés que la religion nourrissait parmi le peuple, c'est se rendre injuste envers elle : les sciences surnatuelles existaient dans les Gaules avant que saint Denis y vînt prêcher l'Évangile; et les premiers pasteurs de l'Église de France employèrent tout leur pouvoir pour affaiblir l'influence barbare qu'elles avaient sur le peuple. On nous reprochera encore les vampires, les possédés du démon, les miracles. Impitoyable raisonneur, je viens de te prouver que tu voulais l'impossible! Laisse exister ce qui est nécessaire à la faiblesse humaine; sache respecter ce que la religion aurait pu rayer de sa croyance sans cesser d'être grande et universelle, si elle l'avait jugé favorable au bonheur de la chrétienté : si la religion a des mystères, c'est que toute religion doit en avoir; si elle a ses rites, c'est qu'il n'y a pas d'institution sans usages et sans moralités; si elle a sa foi, c'est que c'est la vertu du bonheur et de la félicité terrestre.

(11)

J'ai entendu plus d'une fois l'impie avouer qu'il n'y avait rien de plus heureux sur la terre qu'un dévot de bonne foi. En effet, la foi catholique est la pierre de touche du bonheur en ce monde; le vrai croyant a la conscience tranquille, parce qu'il a le cœur dégagé de toute passion humaine; son âme, attachée tout entière à la félicité d'une vie future, ne tient à la terre que pour remplir la tâche que la vertu évangélique lui impose; il est donc heureux par ses actions, heureux par sa croyance : état fortuné qu'aucune condition sociale ne peut donner, état que le philosophe n'a jamais pu comprendre, parce que la philosophie n'est pas la vertu. Sages du siècle, qui vous riez de la croyance du chrétien, vous qu'un doute impie, comme dit Pascal (1), peut jeter dans une éternité de malheurs, dites-nous où vous mettez le bonheur de l'homme social? Ce n'est point dans la vertu, vous la dédaignez lorsqu'elle ne paraît pas sous le faste de Platon; ce n'est point dans les talens, vous laissez mourir le génie dans l'indigence ou sur les échafauds lorsqu'il ne flatte pas vos vices et vos passions; ce n'est point dans l'amour de la patrie, vous n'en avez point, vous vous dites citoyens de l'univers : quelle espérance donnez-vous au bon père, au bon Français, après cinquante ans de travaux et de fidélité? la mort, un peu de terre, une larme de douleur et quelquefois d'hypocrisie!

(1) Pensées de Pascal.

Quel fruit ont retiré les Français de votre morale? l'égoïsme et la vanité. A force de leur grossir le tableau de leurs avantages, ils sont devenus démocrates; ils ont demandé la loi agraire, le partage des biens et des droits; ils n'ont plus voulu ni d'inégalité politique, ni d'inégalité de fortune; ils ont tout nivelé... Et ne croyez pas que cette doctrine ne soit pas encore implantée dans la masse que vous avez éclairée : si la force, qui n'est pas un droit, mais qui les fait tous respecter, ne la retenait, vous la verriez encore une fois mettre en pratique la théorie de l'égalité, prêchée avec tant de fruit dans le siècle des lumières. On dit encore que l'influence de la religion a été funeste aux monarques de l'Europe; que les confesseurs des princes, en les faisant entrer dans les vues ambitieuses de la cour de Rome, et partager son absolutisme, ont arrêté leur libéralisme et leur philanthropie, rétréci leur politique, et arrêté par un pouvoir occulte la force de leur autorité souveraine. Sans doute un prince faible et sans caractère peut être entraîné par un confesseur adroit et hypocrite; mais un pareil prince est le jouet du premier venu de ses flatteurs : tantôt c'est un sot ministre qui lui fait suivre un sot conseil; tantôt c'est un esprit faux qui lui fait partager sa fausse doctrine : et quand ce n'est pas son valet qui le trompe, c'est sa maîtresse qui le séduit. Mais que la religion ait détourné du chemin de la gloire et

des saines doctrines politiques un souverain sage
et éclairé; qu'elle ait arrêté la marche de son génie
réformateur, c'est ce que l'histoire dément dans
toutes ses pages. Philippe le Bel veut faire annuler
une excommunication et détruire les Templiers, le
pape y consent; Louis IX veut faire une loi pour
diminuer les prétentions de Rome, le pape y
consent; Louis XIV veut des excuses pour des
insultes faites à son ambassadeur, le pape y consent; Louis XV veut chasser les jésuites, le pape y
consent; et pourtant tous ces rois avaient des confesseurs ultramontains. Je sais que Charles-Quint
dans sa vieillesse fit une folie, et Louis le Grand
une faute. Le premier, fatigué d'un long règne,
sentait son esprit s'affaiblir du spasme continuel
que sa politique vaste et profonde lui donnait : il
soupirait après la solitude. Le second, séduit par
Louvois et par madame de Maintenon, se laissa
surprendre. Mais est-il certain que les prêtres fussent pour quelque chose dans la résolution de ces
deux monarques? Quel intérêt y avait-il pour eux
que Charles - Quint fût vivre dans un couvent?
s'il était vraiment attaché à l'Église, elle avait plus
d'avantage à lui laisser sa puissance. Et quant à
la révocation de l'édit d'Henri IV, en lisant le tes-
tament de Louvois, on voit que le ministre fit plus
sur l'esprit du roi que le confesseur. Du reste, les
rigueurs ne sont bonnes en politique que lorsqu'elles sont salutaires à l'état ou à la religion. Ici,

elles étaient inutiles à l'un comme à l'autre. Lorsqu'une secte commence à naître, il faut la détruire : c'est un principe connu ; lorsqu'elle a pris racine, il faut la tolérer ; alors la morale et l'exemple font ce que les coups d'état ne peuvent faire. Bossuet ramena dans le sein de l'Église plus d'hérétiques que ne le firent les guerres entreprises contre eux.

Loin que l'Église ait dirigé l'esprit des rois, elle n'a pas au contraire eu toujours assez d'influence pour les déterminer à la soutenir. Dans le temps que les hérésies la désolaient, et lorsque le concile de Nicée n'avait pas établi la foi catholique sur des bases inébranlables, l'existence politique de l'Église dépendait des caprices des empereurs. Constantin était-il arien ? Athanase était proscrit ; rentrait-il dans l'opinion d'Athanase ? Arius était obligé de fuir. Les adversaires de la religion ne sont jamais plus fiers que lorsqu'ils peuvent faire quelque dilemme philosophique sur l'état de dépérissement de l'Espagne, état que les moines et les prêtres, disent-ils, ont provoqué. D'abord, l'Espagne était grande et puissante dans le temps que l'inquisition asservissait au joug des moines l'homme qui osait avoir une idée d'indépendance. L'Espagne envoyait ses vaisseaux à la découverte d'un nouveau monde, dominait l'Europe, faisait des rois prisonniers lorsque la théocratie était sa loi suprême, et que l'ultramontanisme la dominait. Ce n'est donc point la religion et les

prêtres qui ont amené la détresse toujours croissante de ce royaume. Les résistances dans les
temps de crises font les révolutions : les moines
n'ont pas voulu comprendre pourquoi on les dé-
pouillait de leurs biens et de leur pouvoir; ils se
sont révoltés : cela peut bien n'être pas raisonnable; mais il y a bien des gens qui remplissent les
feuilles périodiques d'injures contre eux, qui, si
on leur enlevait leurs biens et leur petite autorité,
sous le prétexte que la civilisation le veut, et qu'une
loi l'ordonne, crieraient plus et feraient pis encore.
Ainsi, si les moines se sont soulevés, s'ils ont un
instant méconnu l'empire de la loi, leur révolte
est étrangère à la religion, qui n'aime ni la rébel-
lion ni la désobéissance; leur intérêt individuel
en a été le motif; et, sans vouloir être leur défenseur, je dirai que ce sera toujours une question
de savoir si, parce que le pouvoir politique se re-
nouvelle, il sera permis de dire aux vaincus : nous
prenons votre bien, et nous allons faire une loi
pour légitimer notre prise. On a blâmé l'Église de
ce qu'elle a souffert l'inquisition; cette institution,
comme moyen de conserver l'unité de croyance
dans un état, afin d'éviter les troubles et les divi-
sions qu'entraînent les opinions nouvelles, avait
un but utile. L'Espagne, le Portugal, l'Italie n'ont
point vu leurs peuples se déchirer pour des dissi-
dences d'opinion, et de grands imposteurs courir
leurs villes et leurs campagnes pour se faire une

horrible célébrité en allumant des guerres civiles,
et en semant des haines éternelles : le midi de la
France offre un exemple déplorable de cette vérité. Partout où les croyances sont divisées, il règne
un ferment de discorde et de haine effrayant :
chacun se tient sur le *qui vive* ; et cet état hostile
et menaçant donne au peuple une férocité barbare
que n'a pas le reste de la nation. Mais les hommes,
qui abusent de tout, et surtout des choses les plus
utiles, ont abusé de l'inquisition : au lieu d'en faire
un tribunal de concorde et d'union, ils en ont fait
un tribunal de sang, et la puissance tyrannique
du Saint-Office est devenue insupportable. L'Église
devait donc souffrir l'inquisition, puisqu'elle était
utile à l'unité de sa croyance et à la tranquillité
des états ; mais elle devait veiller sur ses actions.
Saint Dominique n'a jamais ordonné ni tortures
ni auto-da-fé ; il se bornait à imposer à l'hérétique
des jeûnes, des pénitences, des prières et des au-
mônes. Voilà qui n'est ni cruel ni anti-religieux.
Voilà à quoi il fallait se borner.

On veut nous faire croire que les congrégations
aspirent à dominer les puissances temporelles, et
à soumettre les rois au régime du bon plaisir de Sa
Sainteté. Les congrégations veulent soutenir l'É-
glise, déjà en butte à de trop puissans ennemis, et
ne peuvent le faire qu'en s'unissant au pouvoir, et
en se servant de sa force. Si elles voulaient faire
plus, et dominer le pouvoir, elles trouveraient une

mort inévitable, comme toutes les institutions qui
ont inspiré des craintes et des méfiances aux sou-
verains.

Ainsi, M. le comte, pour ne pas perdre notre
sujet de vue, je dirai que la religion n'a jamais fait
que du bien au monde; que son influence sur les
états comme sur les peuples a produit la concorde,
l'union, et donné du nerf à la force morale et politique; que si quelques ministres de Dieu se sont éloi-
gnés des saines doctrines, si les Borgia ont scanda-
lisé la terre, c'est que partout où il y a des hommes
il se trouve de faux docteurs et de misérables li-
bertins; que les congrégations, en cherchant à
s'allier au pouvoir, ne se rendent pas plus coupables envers le roi qu'envers le peuple; que cette
ambition dans les ministres des autels a des motifs raisonnables fondés sur l'immoralité du siècle,
sur l'indifférence du peuple pour la religion, et
surtout sur l'impiété toujours croissante; que le
pouvoir que les prêtres cherchent à saisir ne peut
aller plus loin que ce que les intérêts de la religion
exigent; qu'il est absurde de croire que ce pouvoir
sacerdotal nuira à l'état et causera des commotions
intestines, lorsque dans les temps de barbarie, où la
force politique était concentrée dans les châteaux
et dans les couvens, les prêtres furent toujours victimes de leurs prétentions, et se virent dépouillés, sans
autres troubles que des querelles de cabinets; que
votre Dénonciation aux tribunaux peut faire beau-

2

coup de mal aux âmes faibles et timorées, en ce qu'elle peut leur inspirer du doute sur les principes de sagesse et de vertu qui doivent animer le clergé de France; que cette Dénonciation n'est pas écrite avec la justice et la modération qui caractérisent les actions de votre vie. D'abord, vous ne voulez pas que les congrégations s'unissent de principes, de vœux et d'intérêt : et c'est de cette union que dépend leur existence; vous voulez que le pasteur se mette au-dessus des ordres de ses supérieurs et des règles de l'Église; qu'il reçoive un parrain qui ne va pas à confesse; qu'il enterre un suicide ou un individu qui meurt sans sacremens; vous appelez vengeance, tracasserie, tous ces refus motivés sur l'obéissance et le devoir. «Tous tes péchés confesseras à tout le moins une fois l'an; » et quand, dans toutes les institutions, dans tous les ordres, le premier devoir de l'homme est de suivre la règle, vous exigez que le prêtre seul s'en écarte.

Vous tenez dans vos mains, dites-vous, une liasse de cinq cents plaintes de cette nature; ce qui devait vous convaincre que la tolérance des pasteurs est plus grande qu'on ne pense; car vous n'ignorez pas que le nombre des parrains qui ne se confessent pas, celui de ceux qui meurent sans sacremens, est immense; encore ôtez de votre liasse les plaintes provoquées par les ennemis de notre religion, celles que la méchanceté des hommes humiliés a fabriquées sans raison pour faire du scandale, et le nombre sera beaucoup moins grand. J'ai entendu dire par un avocat que soixante - trois témoins vinrent accuser un garde forestier d'avoir incendié sa maison ; c'étaient soixante trois imposteurs, que le dépit d'avoir été pris par le garde poussait à la calomnie. Vous méfier d'une partie de ces plaintes était, ce me semble, ce que l'on devait attendre de votre sagesse ; du reste, auriez-vous, au lieu du nombre que vous dites, cinq cent mille accusations pareilles, elles ne fourniraient pas plus de matière à dénonciations. Où avez-vous vu que le prêtre ne soit pas maître de refuser son ministère à celui qui ne vit pas en chrétien, et pourquoi, puisqu'il est catholique romain, voulez-vous le faire quaker ou anabaptiste? Il n'y a pas de lois, pas d'ordonnances qui l'obligent à déroger aux règles de l'Église ; pourquoi donc dénoncer à la justice ce que la justice ne peut saisir? Vous voudriez que le pasteur fût aussi libéral que l'Évangile. Vous oubliez qu'indépendamment de l'Évangile, qui est la morale catholique, il doit suivre avec une sévère rigueur les lois et les ordonnances des conciles ; et que, lorsque l'ordre le consacre aux autels de Dieu, il jure de ne jamais désobéir à la sainte Église catholique, apostolique et romaine.

Vous faites un crime au clergé de s'unir à la puissance temporelle, d'influencer les opérations politiques, et, depuis Constantin, l'Église a marché de front avec ce pouvoir ; toujours ils ont uni .leur force et leur autorité; en tout temps il y a eu des princes, des ducs et des comtes dans l'ordre ecclésiastique : quelle loi, depuis la naissance de la religion, à exclu le clergé des avenues du pouvoir? La Charte défend - elle à un cardinal d'être pair de France, à un évêque d'être ministre d'état, à un curé d'avoir, par son caractère, quelque influence sur les autorités civiles. Si vous croyez que le clergé empiète trop sur le pouvoir, plaignez-vous au gouvernement du roi. Il vous répondra, n'en doutez pas, qu'il n'a rien à craindre. Il vous semble juste aussi, M. le comte, que les prélats, dans leurs instructions pastorales et dans leurs mandemens, ne doivent pas attaquer les décisions des cours souveraines; je conviens qu'ils sont citoyens avant d'être prêtres.

Mais ce titre de ministre de Dieu donne une grande liberté dans la chaire apostolique: en tout temps la parole de Dieu n'a pas plus épargné les rois que les peuples, et les prédicateurs des princes les plus absolus n'ont pas craint de leur dire des vérités dures et piquantes. Celui qui reprochait au grand roi les égaremens de son cœur, celui qui disait à Louis XV : « N'oubliez pas, Sire, que les rois sont faits pour les peuples, » en disaient plus aux grands de la cour que ce que deux évêques en ont pu dire à une cour royale: d'ailleurs, ce qui est séditieux et criminel dans un citoyen ordinaire devient tolérable dans la bouche d'un orateur chrétien; aussi, on ne voit pas que les parlemens se soient jamais offensés de pareilles apostrophes. On n'aurait jamais fini si on voulait relever dans les orateurs chrétiens tout ce qui peut blesser l'orgueil ou l'amour-propre des gens du monde. Louis XIV s'était mérité le nom de grand par ses victoires et ses hautes vertus; Massillon commence son oraison funèbre par ces mots, qui terrassent toutes les vanités humaines : Dieu seul est grand, mes frères; et ses frères étaient tous les puissans de la cour du grand roi. Vous accusez encore le clergé de mauvaise foi sur ce que, dans sa Déclaration au Roi, il n'a pas fait mention de la Déclaration de 1682. Pourquoi lui faire un crime de cette omission? il a reconnu l'indépendance du prince; voilà qui est suffisant pour l'état; il n'a pas voulu proclamer la sienne, cela doit-il vous tourmenter? Tous les hommes, quels qu'ils soient, sont amoureux de la liberté. Il n'est pas croyable que les évêques de France veuillent abjurer ses faveurs; n'anticipons point sur leurs sentimens : peut-être sont-ils plus libéraux que nous. Vous craignez des tracasseries, des coups d'Escobard, l'infaillibilité du pape, le régime ultramontain; vous vous faites un monstre d'une omission; votre susceptibilité vous fait sonner l'alarme : prenez garde, M. le Comte, l'imagination, qui, comme dit Mallebranche, est la folle du logis, peut nous égarer, il faut se méfier de ses écarts.

Vous n'ignorez pas qu'un concile national peut annuler la Déclaration de 1682; qu'une ordonnance royale peut anéantir celle de Louis XIV. Pourquoi le clergé ne s'assemblerait-il pas, s'il avait les sentimens que vous lui prêtez? Quand il ne condamne pas l'opinion de Bossuet, quand les professeurs des colléges la respectent par le silence, se plaindre n'est pas raisonnable. Supposé que le clergé de 1826 ne pensât pas la même chose que celui de 1682; que les principes reconnus alors utiles à l'Église fussent trouvés susceptibles de modification; quand les prêtres et les docteurs en parleraient publiquement, nous n'aurions encore rien à dire : le gouvernement seul aurait droit de faire rentrer dans l'ordre légal ceux qui s'en écarteraient. Si l'Église était dans l'état, si elle en était partie constituante, certainement nous pourrions blâmer comme citoyens toute innovation faite par le clergé dans l'Église, et dire que nous manquons à la foi de nos pères, en changeant le mode de notre croyance sur ce qui touche le droit civil religieux. Mais l'Église et l'état font deux : un évêque est un député dans l'Église; s'il ne lui est pas permis de changer une loi qu'il trouve mauvaise, il ne lui est pas défendu de donner son avis et de proposer des amendemens. Nos pères n'ont jamais refusé leur assentiment aux décisions solennelles du clergé de France. Dire que nous manquons à leur mémoire, de ce que nous sommes de

l'avis de notre Église actuelle, c'est les accuser
d'avoir manqué à celle de leurs aïeux; lorsqu'ils
ont approuvé la profession de foi de leurs évêques.
De tous vos chefs d'accusations, celui sur lequel
vous semblez le plus appuyer, c'est le rétablisse-
ment des jésuites. Après les arrêts des parlemens,
les édits de nos rois, les crimes dont on les accuse,
il vous a paru naturel de ne pas les souffrir; vous
avez vu dans ce colosse inconstitutionnel une
monstruosité politique, le diable, en un mot, dans
le paradis. Sans doute Arnault, Pascal, Nicole vous
sont connus; c'étaient de pieux solitaires, qui sou-
tenaient Jansénius, que les jésuites n'aimaient pas;
c'étaient des savans qui, au besoin, auraient fouillé
dans les archives de la Chine pour chercher matière à procès à la société de Jésus. En lisant ces
auteurs, on ne peut pas être jésuite : ils ont une
logique si pure, une dialectique si profonde, que
le mensonge et la haine prennent chez eux la figure
de la vérité et de la charité chrétienne. Eh! que
dis-je! qui peut nous prouver ceux qui ont tort
ou raison dans cette dispute de mots, où, en dépit
du bon sens, on faisait un abus de l'esprit et du
savoir : le plus sage parti, en pareil cas, c'est d'as-
seoir notre jugement sur les actions de l'un et de
l'autre de ces adversaires. Le Port-Royal a fait sa
logique, sa grammaire, des ouvrages de polémique
et de morale : les jésuites ont élevé nos pères,
perfectionné le génie de nos grands écrivains,

donné à l'Église de zélés défenseurs, à la chaire
évangélique des orateurs sublimes. Quelques-uns
de leurs casuistes ont pu s'égarer; mais le corps
entier a toujours été le plus ardent défenseur de
la foi catholique, et les novateurs, les hérésiarques
n'ont pas trouvé de plus redoutables adversaires.
On dit qu'ils se sont rendus coupables; et de quoi?
où sont les preuves matérielles de leurs crimes?
Si, au lieu de votre Dénonciation aux cours royales,
vous aviez adressé votre plainte au Roi, à qui ap-
partient le droit de tolérer l'existence d'une société, il vous aurait répondu, ce me semble: « M. le
comte, votre zèle pour mon gouvernement et pour
ma personne est honorable; mais il vous pousse
un peu trop loin. Les ennemis des jésuites leur
ont en vain fabriqué des crimes; ce qui les a per-
dus, ce sont leurs richesses et leur pouvoir : après
cela, taisons-nous sur les arrêts et les ordonnances.
On les accuse d'assassiner les rois : je ne vois pas
que l'Espagne et l'Italie s'en plaignent. Le meur-
tre d'Henri IV fut, dit-on, provoqué par eux : pourquoi? Voltaire (1), qui n'était pas leur partisan et
qui ne les craignait guère, dit que cette accusation
n'est pas fondée; que Ravaillac n'eut de complice
que son fanatisme. Quelle influence sur des gens
raisonnables peut avoir la doctrine du régicide, si
toutefois ils l'ont prêchée; et comment voulez-vous
que je m'en alarme, à moins que je ne juge le

____
(1) Questions philosophiques.

peuple que je gouverne digne des petites-maisons. Si vous pouviez me prouver que le roi Jacques et mon trop généreux frère ont été victimes des opinions jésuitiques, vous gagneriez quelque chose sur mon esprit. Mais comment me faire entendre que Cromwel et Robespierre avaient puisé les principes de leurs sentimens politiques dans les Cas de conscience des enfans de Loyola. » Voilà ce que le Roi pourrait vous dire. Enfin qu'a produit votre Dénonciation aux tribunaux, M. le comte? les cris de joie et de triomphe du parti anti-religieux; un arrêt de la cour royale, qui déclare, ce que personne n'ignore, que les jésuites n'existent plus, et qu'elle se reconnaît incompétente pour décider du sort des sociétés actuelles qui présentent un caractère d'homogénéité avec la société détruite; un arrêt foudroyant pour un sage qui dénonce, en ce qu'il y est dit que les faits énoncés dans la plainte ne constituent ni crime ni délit.

On vous connaît, M. le comte, on respecte votre caractère et vos vertus; mais convenez qu'il y a une petite différence entre Cicéron accusant un traître, ennemi des Dieux et de la patrie, et M. de Montlosier dénonçant des prêtres innocens. Toutefois, comme je l'ai dit, une erreur n'est pas un crime: le propre d'un homme droit et juste, c'est de s'irriter de la moindre anomalie morale et politique : son esprit ombrageux s'effarouche des irrégularités de système social; il voudrait que l'état fût comme une figure algébrique, juste dans ses rapports; il ne conçoit pas que les lumières qui fixent notre raison et notre droit ne nous rendent pas raisonnables et sages; et cependant l'expérience lui apprend que la civilisation tue tout, l'amour patriotique, les sentimens généreux et la religion, parce qu'elle traîne après elle l'indifférence et l'impiété : notre orgueil augmente toujours en raison de nos lumières; nous ne voulons rien de ce qui dépasse notre intelligence; nous croyons à la gravitation des corps célestes, aux causes du flux et reflux de l'océan, parce que notre prétentieuse raison a dit je le conçois; mais ajouter foi à la révélation, à la récompense des bons, à la punition des méchans, à tout ce qui, dans tous les temps, a retenu l'homme dans les bornes du respect et du devoir, à tout ce qui a fondé la morale, fait les grandes vertus, soutenu les grands peuples et les puissans états, cela est impossible; la raison s'y oppose; elle frappe d'anathème ces imbéciles croyans qui osent compter sur la justice immuable de Dieu. L'homme vertueux croit encore que le règne de la raison est celui des vertus sociales, tandis que l'absence de ces vertus se montre dans toutes les conditions. Avons-nous des ministres comme les Lhôpital et les Sully; des sages comme Fénelon et Montaigne; des soutiens de l'humanité comme François de Paule et Charles Borromée? Sommes-nous moins le jouet des faiblesses de notre cœur? Quelle est la vertu qui nous domine? une inconcevable vanité, des idées d'indépendance, qui naissent du despotisme de notre cœur; une forte tendance à l'égoïsme; en un mot, tout ce qui constitue l'homme qui ne voit que lui, qui ne vit que pour lui.

Dépouillons-nous un instant des prestiges de notre raison et de notre vanité : parcourons les siècles, le flambeau de l'expérience à la main. C'est là que le matérialiste cesse d'argumenter sur les avantages de son pyrrhonisme, et qu'il voit que l'homme qui n'a pas la foi est le plus mauvais citoyen du monde; c'est là que nous pouvons nous convaincre que sans la religion il n'est point de bonheur pour les sujets, point de prospérité pour les peuples, point de stabilité pour les empires. Convaincu de cette vérité, fort de notre conscience et de nos principes, soutenons la religion au péril de notre vie; aidons-la à terrasser l'impiété, à combattre l'erreur, à faire revivre la morale et les principes; et, sans vouloir asservir la pensée sous un joug humiliant, faisons disparaître de notre littérature tous ces livres obscènes et impies qui portent la mort dans l'âme de la jeunesse en étouffant ses vertus naissantes dans la lie du libertinage et de l'immoralité. Arrêtons surtout ces plumes furibondes et licencieuses qui caressent notre faiblesse, et favorisent la licence de nos mœurs. Frappons-les d'indignité, qu'elles soient les rebuts de la société dont elles cherchent la ruine, et que notre mépris et notre indignation fassent ce que l'impuissance des lois ne peut faire. Les écrivains philosophes qui ont voulu détruire la religion n'ont point manqué de remplir notre littérature de romans et de contes plus ou moins immoraux, afin de préparer la jeunesse contemporaine à recevoir le système d'irréligion et de matérialisme qu'ils voulaient introduire dans le corps social. Lorsque le règne du Régent eut donné un libre cours à la pensée, les novateurs s'organisèrent et résolurent d'anéantir la foi catholique. Chacun se chargea de sa partie; et cet amas de misères humaines, cette encyclopédie, où se trouvent les opinions des écrivains de l'époque, prouve que l'union était intime et le but unique. Voltaire, qui devait à la religion ses premiers triomphes, puisqu'elle lui avait fourni le sujet de sa Henriade et de ses plus belles tragédies, fit sa Pucelle, son Candide, ses pièces fugitives, où, sous un style enchanteur, il débite la morale la plus perverse et la plus licencieuse. Tout le monde dévora ses ouvrages; personne ne lut ni Nonnotte, ni Sabatier. Voilà donc le prédicateur du libertinage mieux suivi que Jésus-Christ dans le désert, lorsqu'il prêchait la morale de tous les temps et de tous les lieux. S'arrêter en chemin lorsqu'on s'est fait une réputation si colossale en débitant des obscénités, n'était pas du goût du philosophe.

Après avoir été l'écrivain du vice, il voulut être

celui de l'erreur; et, avec son talent ordinaire, il
crayonna son Essai sur les mœurs, et ses Questions
philosophiques, qui ne sont qu'une critique amère
de toutes les croyances, et spécialement de celle
des Juifs. Le savant abbé de Guénée, qui était
mille fois plus érudit que Voltaire, vit dans ces
ouvrages une infinité d'erreurs; il manifesta à l'é-
crivain le désir de les réfuter. Voltaire, connais-
sant son redoutable adversaire, promit de se corriger; mais les éditions de ses œuvres faites à
Genève et à Amsterdam se présentèrent sans cor-
rections. L'abbé réfuta, et prouva logiquement à
Voltaire qu'il avait fait un roman de l'histoire des
Juifs (1). Tout le monde cependant lut l'auteur à la
mode, et peu de personnes connurent la critique
judicieuse et foudroyante du rhéteur. Chose éton-
nante! Pigault-Lebrun, long-temps après, ramasse
dans cet amas d'erreurs richement écrites, les
matériaux d'un ouvrage qu'il appelle *le Citateur :*
ce livre fait fortune, quoique ce ne soit qu'un roman scandaleux. Le patriarche de la secte avait entraîné son siècle. Mirabeau, d'Alembert, Condor-
cet, Boullanger, le marquis d'Argens, l'avaient rendu
matérialiste; Panard, Parny, Grécourt l'avaient
fait libertin. N'importe, on était éclairé, on était
philosophe; on devait être heureux et sage.
Que firent donc les Français, après la mort de
Louis XV, pour soutenir le nouveau règne, no-

____

(1) Lettres juives.

tre caractère et notre dignité. Les ministres de Louis XVI, comme vous savez, étaient de la secte, et par conséquent systématiques et novateurs. La plupart des nobles qui entouraient le trône étaient entraînés par le torrent; il n'y avait guère que le roi qui n'était pas philosophe, parce qu'il était sage. Eh bien! il fallait un peu d'argent, on le refusa; il fallait concentrer la force publique, on la divisa; il fallait faire taire les mutins, on laissa parler tout le monde. Les états - généraux s'assemblent, les résistances opiniâtres troublent et divisent tout. On se sépare sans avoir pourvu aux besoins de l'état et au salut du trône; on laisse à la secte le pouvoir et la puissance. Elle signale son autorité, déclare la souveraineté du peuple et la liberté absolue. Le peuple use de ses droits et de sa liberté comme il devait le faire. Plus de trois cents philosophes, qui n'étaient pas jésuites, signent la mort du roi; les échafauds s'élèvent pour quiconque ne porte pas un bonnet rouge, et ne croit pas à la République une et indivisible; et lorsqu'un crêpe funèbre couvrait la France, que le sang du juste inondait le sol patriotique, les nobles successeurs de Voltaire et de d'Alembert nous régalaient dans nos temples, déjà dévastés, d'hymnes et de chansons, où l'on trouvait cette expression, qui convenait bien aux circonstances :

Allons enfans de la patrie,
Le jour de gloire est arrivé !

Et celle plus bizarre encore, adressée au grand sultan :

S'il prête son serment civique
E s'il abjure l'Alcoran,
Je lui donne, au lieu d'un turban,
Le bonnet de la République.

C'est bien pis, M. le comte, les vénérables restaurateurs de notre souveraineté ne veulent pas qu'on parle de Dieu, ni de religion. Poussé cependant par un remords de conscience ou par la force de l'opinion, Robespierre proclame à la tribune l'existence de Dieu et l'immortalité de l'âme : courage sublime, résolution héroïque, qui valut au Néron français les félicitations de ceux de ses collègues qui daignaient encore croire en Dieu.

Depuis cette époque, la France, sur des volcans que les discordes et les haines alimentaient, voyait tous les jours changer son gouvernement et ses lois. Point d'ensemble dans le pouvoir, point de moralité dans l'administration. Cette liberté, sur laquelle on fondait tant d'espérances, était pour elle une hydre de crime et de terreur ; ses victoires, loin d'assurer son existence, la poussaient à sa ruine, lorsqu'un homme extraordinaire, que la force du génie entraînait à la célébrité, brise cette chaîne d'anarchie et de malheurs, étouffe les folies de la liberté dans le despotisme militaire, et des **débris** fumans de la république

fonde un empire immense, qui n'avait besoin
pour être durable que du sceau de la légitimité.

Voilà le fruit de la littérature du dernier siècle,
voilà le résultat de ses opinions et de sa philosophie.
Croyez-vous, M. le comte, que les prêtres aient
fait autant de mal depuis dix-huit cents ans que les
réformateurs de la France en firent dans quelques
mois; croyez-vous qu'une ordonnance qu'on ne
suit pas partout, que quelques diversités d'opinions
entre Rome et la France, puissent amener la moindre de ces orgies dont notre pays fut le théâtre?
Me citera-t-on un exemple que le pape, dans
l'exercice de son pouvoir spirituel et temporel, ait
soulevé toute une nation, et l'ait rendue en un instant impie et criminelle? Eh! les révolutions, tant
anciennes que modernes, ont eu les mêmes causes et les mêmes effets! L'immoralité, l'irréligion,
la licence les ont fait naître; les crimes et les hor-
reurs les ont signalées.

Maintenant que l'union des rois et la force
concentrée des gouvernemens tient la révolte en
respect, et force l'impiété à se couvrir du masque
de l'hypocrisie, l'honnête homme se fait illusion
sur la position sociale de sa patrie; il la croit tranquille et heureuse, et il ne peut souffrir qu'un pouvoir étranger vienne paralyser ce mouvement politique qui verse sur la masse la prospérité et le bonheur.
Son âme ardente et généreuse frappe et combat
tout ce qui lui paraît contraire à l'ordre établi : il

est bien pardonnable celui qui s'égare ainsi, celui qui ne voit pas que la force refoule les passions haineuses dans les cœurs, que l'ambition philoso_ phique est toujours prête à tout détruire et à tout innover, que son langage philanthropique est l'expression du traître qui veut séduire pour mieux tromper! Mais on peut dire à cet homme égaré : Enfant d'Israel, vous vous laissez séduire par les discours des faux prophètes; vous abandonnez les autels du Saint des saints pour prostituer votre encens à l'idole du jour. Le Dieu de justice et de miséricorde vous a déjà retiré du précipice; prenez garde que sa bonté ne s'épuise, et ne vous abandonne à l'ange des ténèbres qui vous conduit: alors vous passerez par toutes les tribulations de la vie, et, marchant sans cesse sur les volcans enflammés des passions et des erreurs, vous comprendrez, mais un peu tard, que hors de la voie de la vérité il n'y a pas de tranquillité pour le juste.

Oui, M. le comte, il faut que la religion soit puissante; que, sans entraver le mouvement politique des gouvernemens, elle s'unisse à eux pour conduire les peuples dans la voie de l'équité et du devoir. Lorsqu'elle pourra agir par la force, elle n'aura plus besoin pour se faire aimer que de la morale et de l'exemple; alors on ne verra pas répandre impunément le sang des hommes, et des Français faire la guerre à la France pour un misérable charlatan. Si sous les règnes faibles de Henri et de François II la religion eût agi de concert avec l'état pour faire disparaître Calvin lorsqu'il prêchait son hérésie à quelques paysans du bas Languedoc, cet acte d'une saine politique aurait épargné au cardinal de Lorraine une criminelle résolution, et à Richelieu le pitoyable honneur de réduire une place rebelle ; car, de quelque manière que la politique colore ses crimes, lorsque la raison d'état qui les provoque n'est pas fondée sur l'intérêt de la masse, les agens du pouvoir sont responsables envers l'humanité des malheurs qui l'ont accablée.

Si, au lieu de prêter notre appui à la religion contre les attaques de ses ennemis, nous tourmentons ceux qui sont appelés à la défendre ; si nous cherchons dans la rigidité de leurs devoirs, dans l'exercice de leurs fonctions, dans la forme de leurs institutions particulières, dans leurs opinions religieuses, des motifs de blâme et de déconsidération, nous deviendrons un sujet de scandale pour nos frères, nous verserons la désolation et la douleur dans le cœur du juste, et notre œuvre sera, sans le vouloir, celle du démon ; l'impie fera de nous son idole de prédilection et de gloire : nous n'aurons plus ni l'esprit, ni la tête féodaux ; notre château n'offrira plus de vestiges gothiques, nos habitudes et nos manières auront le vernis de la nouveauté ; on nous prodiguera la louange et l'encens, et les journaux de la secte porteront notre nom dans les quatre coins de l'Europe. Mais personne, M. le comte, ne croira que vous avez voulu ambitionner l'encens de l'impie et la louange de l'hypocrite. Les actions de votre vie, qui peuvent servir de modèle de fidélité et d'honneur, vous font une réputation plus durable que celle que veut vous prêter la flatterie. Les hommes que vous attaquez aimeront mieux croire que l'erreur, plutôt que la vanité, a conduit votre plume; ils béniront le jour où l'esprit de vie viendra éclairer votre âme et l'arracher à son illusion. Pour moi, qui ne suis ni prêtre ni jésuite, qui écris pour défendre l'Église, et sans autre intérêt que celui de satisfaire mon cœur, je m'estimerais heureux si ma lettre pouvait vous faire naître quelques sentimens favorables à la religion et à ses ministres. C'est dans cet espoir que je vous prie, M. le comte, d'en recevoir l'assurance de mon profond respect.